가림종이
이 종이는 어떻게 쓰는 건가요?
종이로 한자의 훈·음을 가리고 한자의 독음을 확인할 때 쓰면 돼요.
확실히 한자를 외울 수 있어요.
걱정 마세요!
한자 시험 이제 걱정 없어요.
딩동댕동
끝났습니다!
당연히…
우르르

가림종이
KB243732

차례

한자능력검정시험 안내 • 2
8급 배정 한자 확인 • 3
8급 배정 한자어 확인 • 7
8급 시험 유형 안내 • 9
필순 원리 익히기 • 11
답안 작성 요령 • 14

기출 유형 문제 1회 • 15
기출 유형 문제 2회 • 19
기출 유형 문제 3회 • 23
나는야 멋진 채점위원 4회 • 27
기출 유형 문제 5회 • 31
기출 유형 문제 6회 • 35
기출 유형 문제 7회 • 39
나는야 멋진 채점위원 8회 • 43
기출 유형 문제 9회 • 47
기출 유형 문제 10회 • 51

쪽지 시험 • 55

한자능력 검정시험

한자능력검정시험은 사단법인 한국 어문회가 주관하고 한국 한자능력검정회가 시행하는 한자 활용 능력시험을 말합니다. 1992년 12월 9일 1회 시험을 시작으로 2001년 1월 1일 이후, 국가공인 자격시험(1급~3급Ⅱ)으로 치러지고 있습니다.

정규 시험은 1년에 3회 실시하며 공인급수 시험(3급Ⅱ, 3급, 2급, 1급)과 교육급수 시험(8급, 7급, 6급Ⅱ, 6급, 5급, 4급Ⅱ, 4급)을 별도로 실시합니다. 응시자격은 8급~1급까지 연령, 성별, 학력 제한 없이 모든 급수에 응시할 수 있습니다.

• 문의 : 사단법인 한국어문회 • 전화 : 1566-1400 • 홈페이지 : http://www.hanja.re.kr

‖ 한자능력검정시험 출제 유형 및 합격 기준표 ‖

구분	교 육 급 수							공 인 급 수			
	8급	7급	6급Ⅱ	6급	5급	4급Ⅱ	4급	3급Ⅱ	3급	2급	1급
읽기 배정 한자	50	150	300	300	500	750	1,000	1,500	1,817	2,355	3,500
쓰기 배정 한자	0	0	50	150	300	400	500	750	1,000	1,817	2,005
독음	24	32	32	33	35	35	30	45	45	45	50
훈음	24	30	29	22	23	22	22	27	27	27	32
장단음	0	0	0	0	0	0	5	5	5	5	10
반의어	0	2	2	3	3	3	3	10	10	10	10
완성형	0	2	2	3	4	5	5	10	10	10	15
부수	0	0	0	0	0	3	3	5	5	5	10
동의어	0	0	0	2	3	3	3	5	5	5	10
동음이의어	0	0	0	2	3	3	3	5	5	5	10
뜻풀이	0	2	2	2	3	3	3	5	5	5	10
필순	2	2	3	3	3	0	0	0	0	0	0
약자	0	0	0	0	3	3	3	3	3	3	3
한자쓰기	0	0	10	20	20	20	20	30	30	30	40
출제 문항 수	50	70	80	90	100	100	100	150	150	150	200
합격 문항 수	35	49	56	63	70	70	70	105	105	105	160
시험 시간	50분							60분			90분

방문 접수시 필요한 준비물!

• 반명함판 사진 3매 (3 X 4)
• 응시자 주민번호, 응시자 이름(한글 · 한자), 급수증 수령 주소, 응시료(현금)

인터넷 접수시 필요한 준비물!

• 접수처 www.hangum.re.kr
• 원서에 쓸 jpg사진
• 응시료(카드 결제 가능)

한자능력 검정시험에 합격하면 뭐가 좋지?

• 3급Ⅱ~1급을 취득하면 국가 공인자격으로서 초, 중, 고등 학교 생활기록부의 자격증란에 기재되고, 4급~8급을 취득하면 세부능력 및 특기사항란에 기재됩니다.
• 대학 입시 수시 모집 및 특기자 전형에 지원이 가능합니다.
• 대학 입시 면접에 가산점 부여 및 졸업 인증, 학점 반영 등 혜택이 주어집니다.
• 2005년 수능부터 제2 외국어 영역에 한문 영역이 추가되었습니다.

8급

배정 한자 50자입니다. 모두 익혔는지 확인해 보세요.

책 1쪽에 있는 종이로 한자 또는 한자의 훈·음을 가리고 모르는 한자에 체크 ✔ 해 보세요.

한 자	훈:뜻	음:소리	한 자	훈:뜻	음:소리	한 자	훈:뜻	음:소리
敎	가르칠	교	白	흰	백	二	두	이
校	학교	교	父	아비	부	人	사람	인
九	아홉	구	北	북녘	북	日	날	일
國	나라	국	四	넉	사	一	한	일
軍	군사	군	山	메	산	長	긴	장
金	쇠/성	금/김	三	석	삼	弟	아우	제
南	남녘	남	生	날	생	中	가운데	중
女	계집	녀	西	서녘	서	靑	푸를	청
年	해	년	先	먼저	선	寸	마디	촌
大	큰	대	小	작을	소	七	일곱	칠
東	동녘	동	水	물	수	土	흙	토
六	여섯	륙	室	집	실	八	여덟	팔
萬	일만	만	十	열	십	學	배울	학
母	어미	모	五	다섯	오	韓	나라	한
木	나무	목	王	임금	왕	兄	형	형
門	문	문	外	바깥	외	火	불	화
民	백성	민	月	달	월			

배정 한자 확인하기 I

8급 한자의 알맞은 훈 또는 음을 빈 칸에 써 보세요.

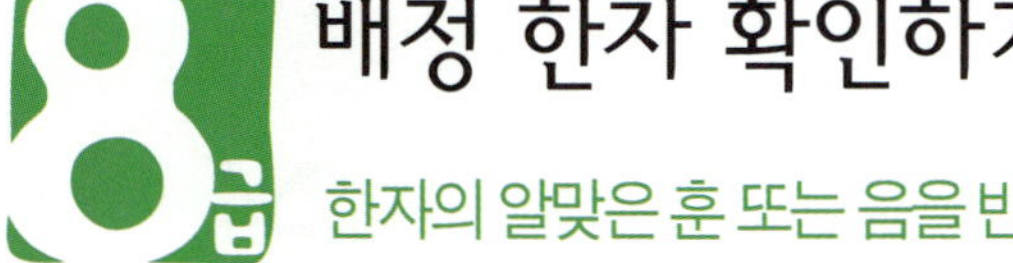

한자	훈:뜻	음:소리
教		교
校		교
九	아홉	
國		국
軍	군사	
金		
南	남녘	
女		녀
年		년
大	큰	
東		동
六	여섯	
萬		만
母		모
木	나무	
門	문	
民		민

한자	훈:뜻	음:소리
白		백
父	아비	
北		북
四		사
山		산
三	석	
生		생
西		서
先	먼저	
小		소
水	물	
室	집	
十		십
五	다섯	
王	임금	
外		외
月	달	

한자	훈:뜻	음:소리
二		이
人	사람	
日		일
一	한	
長		장
弟		제
中	가운데	
青		청
寸	마디	
七	일곱	
土		토
八	여덟	
學		학
韓		한
兄	형	
火		화

매일매일 배우는 한자

8급 배정 한자 확인하기 Ⅱ

훈·음에 알맞은 한자 또는 한자에 알맞은 훈 또는 음을 빈 칸에 써 보세요.

훈·음뿐만 아니라 한자도 쓸 수 있는지 확인하는 곳입니다. 배정 한자 50자를 완벽하게 익힐 수 있도록 지도해 주세요.

①

한자	훈:뜻	음:소리
白	흰	
	가운데	중
國	나라	
三		삼
南		
	해	년
東	동녘	
	여섯	륙
萬	일만	
學	배울	
	형	형
門	문	
民	백성	
外	바깥	
	불	화
女		녀
二	두	

②

한자	훈:뜻	음:소리
父		부
	군사	군
四	넉	
韓		
	메	산
青	푸를	
生	날	
	아우	제
大		대
小		
水		수
西	서녘	
十		
五		오
	임금	왕
	아홉	구
北	북녘	

③

한자	훈:뜻	음:소리
	가르칠	교
金		
月		월
先		선
	한	일
人		인
日		
	나무	목
長	긴	
校	학교	
室		실
母	어미	
	마디	촌
七		칠
土	흙	
八		

8급 배정 한자

8급 배정 한자 확인하기 Ⅲ

한자의 알맞은 훈·음을 써 보세요.

No.	한자		No.	한자	
1	敎		26	先	
2	校		27	小	
3	九		28	水	
4	國		29	室	
5	軍		30	十	
6	金		31	五	
7	南		32	王	
8	女		33	外	
9	年		34	月	
10	大		35	二	
11	東		36	人	
12	六		37	日	
13	萬		38	一	
14	母		39	長	
15	木		40	弟	
16	門		41	中	
17	民		42	靑	
18	白		43	寸	
19	父		44	七	
20	北		45	土	
21	四		46	八	
22	山		47	學	
23	三		48	韓	
24	生		49	兄	
25	西		50	火	

5쪽 정답

❶
백 中
국 中
석 石
남녘 남
年 동
六 만
학 兄
문 門
민 外
외 火
계집 이

❷
아비
軍 사
나라 한
山 청
생 弟
큰
작을 소
물 서
열 십
다섯
王 九
북

❸
敎
쇠 금/성 김
달
먼저
一
사람
날 일
木 장
교
집
모 寸
일곱
토
여덟 팔

8급 한자어

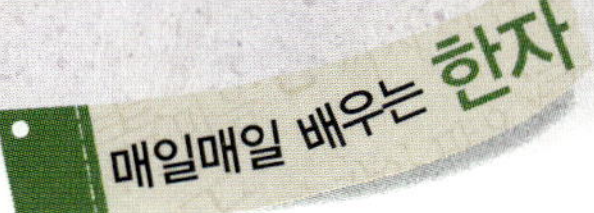

8급 한자어를 모두 익혔는지 확인해 보세요.

책 1쪽에 있는 종이로 독음과 뜻을 가리고 독음을 모르는 한자어에 체크 ✔ 해 보세요.

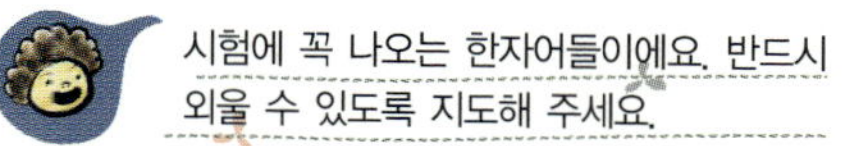
시험에 꼭 나오는 한자어들이에요. 반드시 외울 수 있도록 지도해 주세요.

한 자 어	독음	뜻
☐ 校門	교문	학교의 정문
☐ 敎室	교실	학교에서 수업할 때 쓰는 방
☐ 校長	교장	학교의 가장 어른
☐ 九月	구월	9월
☐ 九日	구일	9일
☐ 國軍	국군	나라의 군대
☐ 國民	국민	백성
☐ 國王	국왕	나라의 왕
☐ 軍人	군인	군인, 병사
☐ 南北	남북	남쪽과 북쪽
☐ 大門	대문	큰 문, 집의 정문
☐ 大王	대왕	임금
☐ 大人	대인	큰 사람, 어른
☐ 大韓民國	대한민국	우리 나라
☐ 東南	동남	동쪽과 남쪽
☐ 東西	동서	동쪽과 서쪽
☐ 萬民	만민	모든 백성
☐ 萬人	만인	모든 사람
☐ 母國	모국	자기가 태어난 나라
☐ 母女	모녀	어머니와 딸
☐ 門中	문중	집안
☐ 父女	부녀	아버지와 딸
☐ 父母	부모	아버지와 어머니
☐ 北韓	북한	휴전선 이북의 한국

한 자 어	독음	뜻
☐ 四寸	사촌	아버지의 친형제의 아들 딸
☐ 山中	산중	산 속
☐ 三十	삼십	30
☐ 三寸	삼촌	아버지의 형제
☐ 生日	생일	태어난 날
☐ 先生	선생	가르치는 사람
☐ 先人	선인	조상
☐ 小人	소인	작은 사람, 어린이
☐ 水中	수중	물 속
☐ 十月	시월	10월
☐ 十萬	십만	100,000
☐ 女人	여인	여자
☐ 人民	인민	백성
☐ 日月	일월	해와 달
☐ 一月	일월	1월, 한 달
☐ 一日	일일	1일, 하루
☐ 長年	장년	어른
☐ 靑年	청년	젊은이
☐ 靑白	청백	푸른색과 흰색
☐ 學校	학교	교육을 하는 곳
☐ 韓國	한국	우리 나라
☐ 兄弟	형제	형과 동생
☐ 火山	화산	불을 내뿜는 산

8급 한자어

 한자어의 독음을 써 보세요.

번호	한자어	독음	번호	한자어	독음
1	校門		25	四寸	
2	敎室		26	山中	
3	校長		27	三十	
4	九月		28	三寸	
5	九日		29	生日	
6	國軍		30	先生	
7	國民		31	先人	
8	國王		32	小人	
9	軍人		33	水中	
10	南北		34	十月	
11	大門		35	十萬	
12	大王		36	女人	
13	大人		37	人民	
14	大韓民國		38	日月	
15	東南		39	一月	
16	東西		40	一日	
17	萬民		41	長年	
18	萬人		42	青年	
19	母國		43	青白	
20	母女		44	學校	
21	門中		45	韓國	
22	父女		46	兄弟	
23	父母		47	火山	
24	北韓				

정답은 7쪽의 한자어를 보고 확인 하세요.

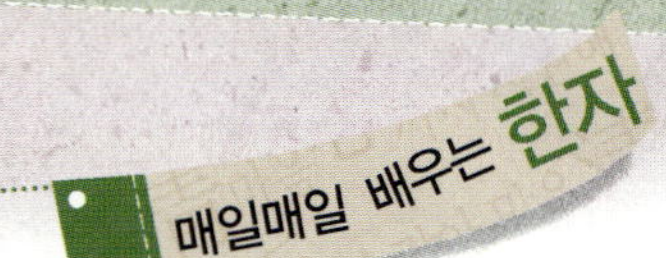

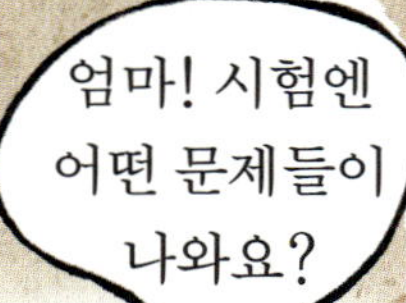

유형알고 시험 끝내기

첫 번째 한자의 **독음** 쓰기

1 다음 글을 읽고 밑줄 친 漢字(한자)의 讀音(독음:읽는 소리)을 쓰세요.

> **보기**   三 → 삼

(1)五월 五일은 어린이 날입니다.

(1) 五 (   )

두 번째 한자의 **훈·음** 쓰기

2 다음 漢字(한자)의 訓(훈:뜻)과 音(음:소리)을 쓰세요.

> **보기**   子 → 아들 자

(1) 中 (   )
(2) 北 (   )
(3) 生 (   )

세 번째 뜻에 알맞은 **한자** 찾기

3 다음에 알맞은 漢字(한자)를 〈보기〉에서 찾아 그 번호를 쓰세요.

> **보기**   ① 土 ② 火 ③ 四

(1) 불   (   )
(2) 넷   (   )
(3) 흙   (   )

4 다음 글을 읽고 밑줄 친 말에 해당하는 漢字(한자)를 〈보기〉에서 찾아 그 번호를 쓰세요.

보 기   ① 弟   ② 小

내 (1)동생은 키가 (2)작습니다.

(1) 동생 (   )

(2) 작다 (   )

5 아래 글의 ㉠과 ㉡의 밑줄 친 낱말에 공통으로 쓰이는 漢字(한자)를 〈보기〉에서 찾아 그 번호를 쓰세요.

보 기   ① 中   ② 小

㉠ 우리 형은 중학생입니다.

㉡ 아빠는 중국으로 출장을 가셨습니다.   (   )

6 다음 물음에 답하세요.

六
㉠

㉠ 획의 쓰는 순서를 아래에서 찾아 번호를 쓰세요.(   )

① 첫 번째   ② 두 번째

③ 세 번째   ④ 네 번째

필순 원리 익히기

필순 원리를
읽어 보세요.

와!
천재야, 너 한자 참
잘쓰는구나!
늘 필순대로 쓰기
때문이야.
漢字
ㅡ김천재
필순?
그게 뭐야?
필순은 한자를 쓰는
순서를 말하는 거야!
그렇구나!
나도 필순에 대해서
알고싶어.
필순은 원리만
알면 어렵지 않아.
내가 가르쳐 줄테니
따라 와!
자,
우선 이 글을 보면서
설명해 줄게.
우와~ 신난다!
한자 필순 원리
1. 왼쪽에서 오른쪽 …
2. 위에서 아래로 …
3. 가로 획 먼저 …
4. ……

첫 번째!
왼쪽에서
오른쪽으로 쓴다.
필순대로 한번 써 봐!
川 내 천
내 천

두 번째!
위에서 아래로 쓴다.
필순대로 한번 써 봐!
三 석 삼
석 삼

세 번째!
가로획과 세로획이 교차될 때는 가로획을 먼저 쓴다.
필순대로 한번 써 봐!
十 열 십
열 십

네 번째!
왼쪽과 오른쪽이 대칭될 때에는 가운데획부터 쓰고, 왼쪽과 오른쪽을 쓴다.
필순대로 한번 써 봐!
水 물 수
小 작을 소
물 수
작을 소

다섯 번째!
넉 사
몸과 안쪽이 있을 때에는 몸쪽을 먼저 쓴다.
필순대로 한번 써 봐!
넉 사

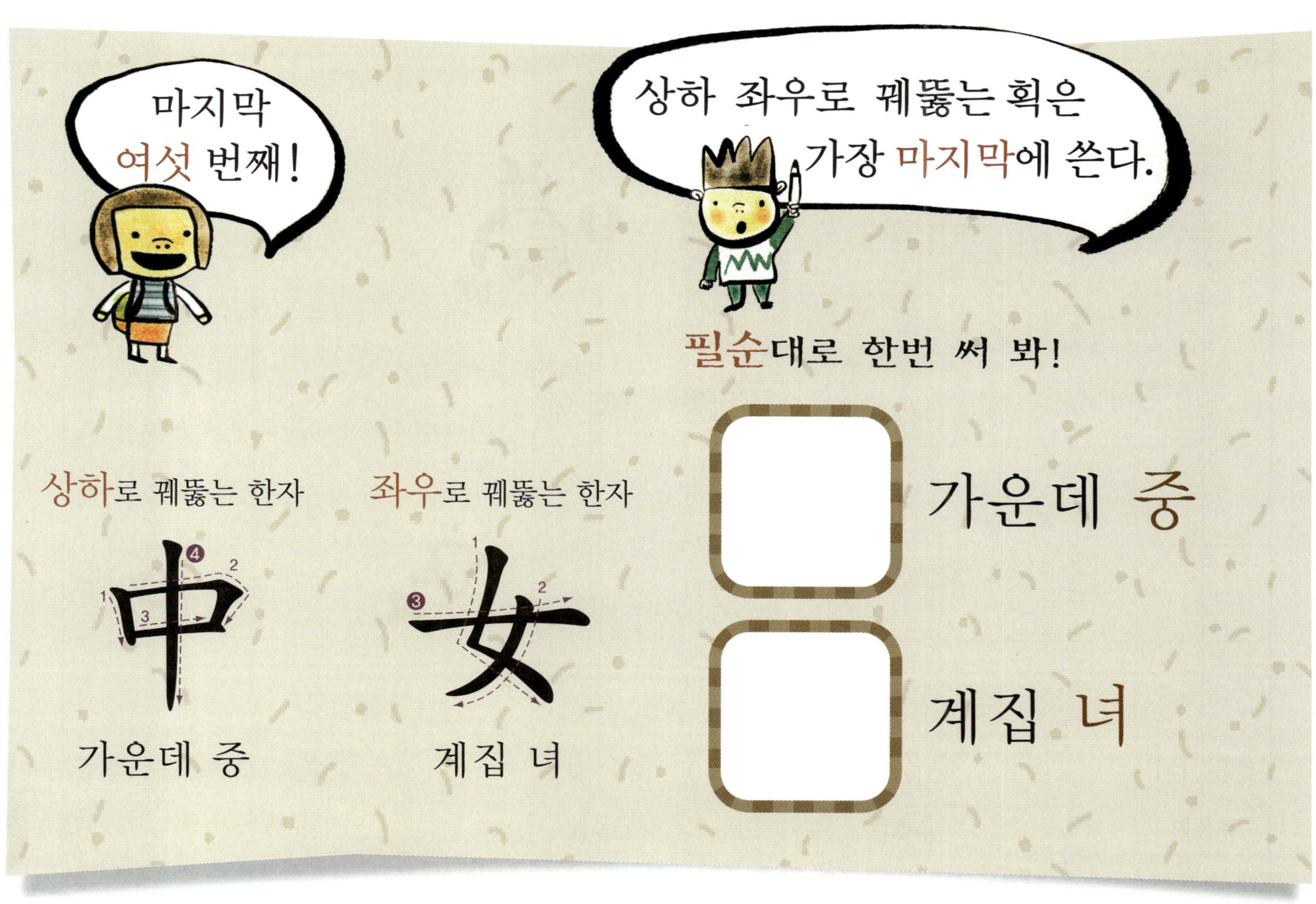

마지막 여섯 번째!
상하 좌우로 꿰뚫는 획은 가장 마지막에 쓴다.
필순대로 한번 써 봐!
상하로 꿰뚫는 한자
가운데 중
좌우로 꿰뚫는 한자
계집 녀
가운데 중
계집 녀

어때? 쉽지?
나도 이제 한자를 예쁘게 쓸수 있을 것 같아.

한자의 필순 원리를 익혀서 한자도 예쁘게 쓰고 필순 시험 문제도 자신 있게 풀어 보자고!

사단법인 한국어문회 · 한국한자능력검정회

수험번호 　　　　　-　　-　　　　　　　성명 　　　　　

주민등록번호 　　　　　-　　-　　　　　　　

※ 유성 사인펜, 붉은색 필기구 사용 불가.

※ 답안지는 컴퓨터로 처리되므로 구기거나 더럽히지 마시고, 정답 칸 안에만 쓰십시오.
글씨가 채점란으로 들어오면 오답처리가 됩니다.

전국한자능력검정시험 8급 답안지(1)

답안란		채점란		답안란		채점란	
번호	정답	1검	2검	번호	정답	1검	2검
1				13			
2				14			
3				15			
4				16			
5				17			
6				18			
7				19			
8				20			
9				21			
10				22			
11				23			
12				24			

감독위원	채점위원(1)		채점위원(2)		채점위원(3)	
(서명)	(득점)	(서명)	(득점)	(서명)	(득점)	(서명)

매일 매일 실력이 쑥쑥

사단법인 한국어문회 · 한국한자능력검정회

수험번호 □□□-□□-□□□□   성명 □□□□□

주민등록번호 □□□□□□-□□□□□□□
※ 유성 사인펜, 붉은색 필기구 사용 불가.

※ 답안지는 컴퓨터로 처리되므로 구기거나 더럽히지 마시고, 정답 칸 안에만 쓰십시오.
　글씨가 채점란으로 들어오면 오답 처리가 됩니다.

전국한자능력검정시험 8급 답안지(1)

번호	답안란 정답	채점란 1검	채점란 2검	번호	답안란 정답	채점란 1검	채점란 2검
1				13			
2				14			
3				15			
4				16			
5				17			
6				18			
7				19			
8				20			
9				21			
10				22			
11				23			
12				24			

감독위원	채점위원(1)		채점위원(2)		채점위원(3)	
(서명)	(득점)	(서명)	(득점)	(서명)	(득점)	(서명)

※ 뒷면으로 이어짐

사단법인 한국어문회·한국한자능력검정회

※ 본 답안지는 컴퓨터로 처리되므로 구겨지거나 더렵혀지지 않도록 조심하시고 글씨를 칸 안에 또박또박 쓰십시오.

전국한자능력검정시험 8급 답안지(2)

번호	답안란 정답	채점란 1검	채점란 2검	번호	답안란 정답	채점란 1검	채점란 2검
25				38			
26				39			
27				40			
28				41			
29				42			
30				43			
31				44			
32				45			
33				46			
34				47			
35				48			
36				49			
37				50			

이 예상 문제는 최근 기출 문제의 유형을 분석하여 출제한 것입니다.

1 다음 글을 읽고 밑줄 친 漢字(한자)의 讀音(독음:읽는 소리)을 쓰세요. (1~25)

 (1)五(2)月 (3)八(4)日은 어버이날입니다. 어버이날에는 (5)父(6)母님께 카네이션을 달아드립니다. 나는 (7)外(8)三(9)寸께도 꽃을 달아드릴 생각입니다.

 (10)南(11)山의 입구에는 큰 (12)門이 있습니다. (13)東쪽에는 교회의 큰 (14)十자가가 보입니다. (15)西쪽에는 (16)中학(17)生인 우리 (18)兄의 (19)學(20)校도 보입니다. 나는 (21)北쪽을 향해 (22)大(23)韓(24)民(25)國을 크게 외쳐 보았습니다.

(1) 五 (　　　　　)
(2) 月 (　　　　　)
(3) 八 (　　　　　)
(4) 日 (　　　　　)
(5) 父 (　　　　　)
(6) 母 (　　　　　)
(7) 外 (　　　　　)
(8) 三 (　　　　　)
(9) 寸 (　　　　　)
(10) 南 (　　　　　)
(11) 山 (　　　　　)
(12) 門 (　　　　　)
(13) 東 (　　　　　)
(14) 十 (　　　　　)
(15) 西 (　　　　　)
(16) 中 (　　　　　)
(17) 生 (　　　　　)
(18) 兄 (　　　　　)
(19) 學 (　　　　　)
(20) 校 (　　　　　)
(21) 北 (　　　　　)
(22) 大 (　　　　　)
(23) 韓 (　　　　　)
(24) 民 (　　　　　)
(25) 國 (　　　　　)

2 다음 漢字(한자)의 訓(훈:뜻)과 音(음:소리)을 쓰세요. (26~35)

(26) 七 (　　　　　)
(27) 靑 (　　　　　)
(28) 年 (　　　　　)
(29) 敎 (　　　　　)
(30) 室 (　　　　　)
(31) 小 (　　　　　)
(32) 水 (　　　　　)
(33) 六 (　　　　　)
(34) 白 (　　　　　)
(35) 女 (　　　　　)

3 다음에 알맞은 漢字(한자)를 〈보기〉에서 찾아 그 번호를 쓰세요. (36~45)

보기　①土　②一　③九　④軍　⑤萬　⑥四　⑦先　⑧火　⑨長　⑩王

(36) 긴　　　（　　　）

(37) 불　　　（　　　）

(38) 흙　　　（　　　）

(39) 넷　　　（　　　）

(40) 하나　　（　　　）

(41) 임금　　（　　　）

(42) 군사　　（　　　）

(43) 아홉　　（　　　）

(44) 먼저　　（　　　）

(45) 일만　　（　　　）

4 다음 글을 읽고 밑줄 친 말에 해당하는 漢字(한자)를 〈보기〉에서 찾아 그 번호를 쓰세요. (46~48)

보기　①年　②人　③弟　④金　⑤二　⑥小

내 (46)동생은 (47)두 살입니다. 우리는 모두 성이 (48)김입니다.

(46) 동생　　（　　　）

(47) 두　　　（　　　）

(48) 김　　　（　　　）

5 다음 물음에 답하세요. (49~50)

(49) 木　㉠ 획의 쓰는 순서를 아래에서 찾아 번호를 쓰세요.（　　　）

① 첫 번째　　② 두 번째
③ 세 번째　　④ 네 번째

(50) 王　㉠ 획의 쓰는 순서를 아래에서 찾아 번호를 쓰세요.（　　　）

① 첫 번째　　② 두 번째
③ 세 번째　　④ 네 번째

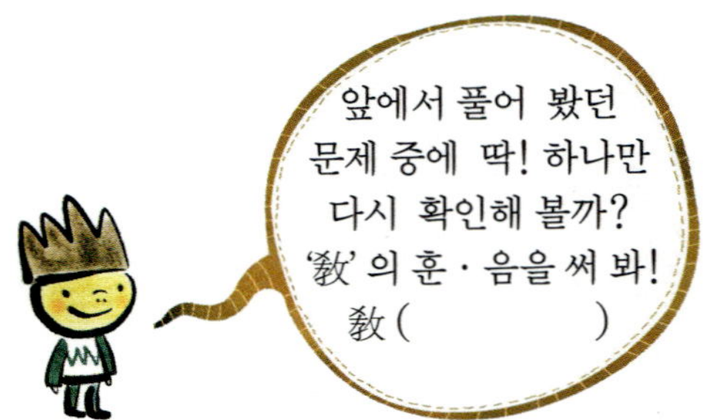

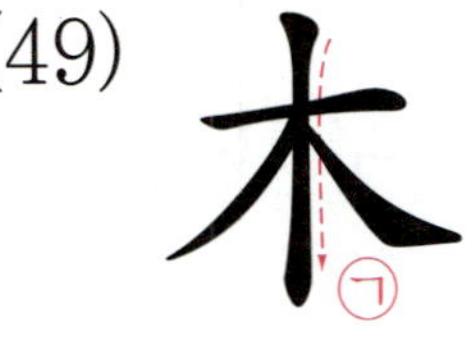

매일매일 실력이 쑥쑥

사단법인 한국어문회·한국한자능력검정회

수험번호 □□□-□□-□□□□ 성명 □□□□□

주민등록번호 □□□□□□-□□□□□□□ ※ 유성 사인펜, 붉은색 필기구 사용 불가.

※ 답안지는 컴퓨터로 처리되므로 구기거나 더럽히지 마시고, 정답 칸 안에만 쓰십시오.
  글씨가 채점란으로 들어오면 오답 처리가 됩니다.

이름과 주민등록번호를 쓰는 연습도 시험을 볼 때마다 해야 해요.

전국한자능력검정시험 8급 답안지(1)

번호	답안란 정답	채점란 1검	2검	번호	답안란 정답	채점란 1검	2검
1				13			
2				14			
3				15			
4				16			
5				17			
6				18			
7				19			
8				20			
9				21			
10				22			
11				23			
12				24			

17번 문제의 답을 17번에 쓰고 있는지 확인해 볼래?

감독위원	채점위원(1)		채점위원(2)		채점위원(3)	
(서명)	(득점)	(서명)	(득점)	(서명)	(득점)	(서명)

※ 뒷면으로 이어짐

사단법인 한국어문회 · 한국한자능력검정회

※ 본 답안지는 컴퓨터로 처리되므로 구겨지거나 더렵혀지지 않도록 조심하시고 글씨를 칸 안에 또박또박 쓰십시오.

전국한자능력검정시험 8급 답안지(2)

답안란		채점란		답안란		채점란	
번호	정답	1검	2검	번호	정답	1검	2검
25				38			
26				39			
27				40			
28				41			
29				42			
30				43			
31				44			
32				45			
33				46			
34				47			
35				48			
36				49			
37				50			

2회 합격문항 : 35개 시험시간 50분

이 예상 문제는 최근 기출 문제의 유형을 분석하여 출제한 것입니다.

1 다음 漢字(한자)의 訓(훈:뜻)과 音(음:소리)을 쓰세요. (1~10)

보기 氷 → 얼음 빙

(1) 王 (   )
(2) 外 (   )
(3) 弟 (   )
(4) 小 (   )
(5) 西 (   )
(6) 長 (   )
(7) 大 (   )
(8) 民 (   )
(9) 軍 (   )
(10) 五 (   )

2 다음 글을 읽고 밑줄 친 漢字(한자)의 讀音(독음:읽는 소리)을 쓰세요. (11~20)

보기 音 → 음

우리 가족은 방(11)學을 맞아 이(12)母 가족과 함께 지리(13)山으로 여행을 갔습니다. 오랜만에 사촌 (14)女동(15)生과 (16)兄을 만나니 무척 반가웠습니다. 우리가 계곡에서 (17)水영을 하는 동안 (18)父모님께서 맛있는 간식을 준비해 주셨습니다.
　　내년에는 넓은 (19)白사장이 펼쳐진 (20)東해로 피서를 가기로 했습니다.

(11) 學 (   )
(12) 母 (   )
(13) 山 (   )
(14) 女 (   )
(15) 生 (   )
(16) 兄 (   )
(17) 水 (   )
(18) 父 (   )
(19) 白 (   )
(20) 東 (   )

3 다음에 알맞은 漢字(한자)를 〈보기〉에서 찾아 그 번호를 쓰세요. (21~30)

보기 ①六 ②年 ③一 ④八 ⑤門 ⑥教 ⑦寸 ⑧萬 ⑨三 ⑩韓

(21) 셋 (   )
(22) 해 (   )
(23) 문 (   )
(24) 나라 (   )
(25) 여섯 (   )
(26) 마디 (   )
(27) 일만 (   )
(28) 여덟 (   )
(29) 하나 (   )
(30) 가르치다 (   )

4 다음 漢字(한자)의 訓(훈:뜻)이나 音(음:소리)을 〈보기〉에서 찾아 그 번호를 쓰세요. (31~38)

(31) 南 (　　　　)

(32) 土 (　　　　)

(33) 室 (　　　　)

(34) 校 (　　　　)

(35) 先 (　　　　)

(36) 七 (　　　　)

(37) 二 (　　　　)

(38) 金 (　　　　)

(39) 나라　(　　　　　　)

(40) 푸르다　(　　　　　　)

(41) 열　(　　　　　　)

(42) 아홉　(　　　　　　)

(43) 나무　(　　　　　　)

(44) 가운데　(　　　　　　)

(45) 달　(　　　　　　)

(46) 날　(　　　　　　)

(47) 사람　(　　　　　　)

(48) 불　(　　　　　　)

5 다음 글을 읽고 밑줄 친 말에 해당하는 漢字(한자)를 〈보기〉에서 찾아 그 번호를 쓰세요. (39~48)

가. 우리 (39)나라의 산은 (40)푸릅니다.

나. (41)열에 (42)아홉은 독서를 합니다.

다. 저 (43)나무 (44)가운데에 다람쥐가 있습니다.

라. 보름(45)달이 뜨는 (46)날에는 밤에도 대낮처럼 환합니다.

마. (47)사람들은 산에서 (48)불이 나지 않도록 조심해야 합니다.

6 다음 물음에 답하세요. (49~50)

(49) 北　㉠ 획의 쓰는 순서를 아래에서 찾아 번호를 쓰세요. (　　　　)

① 두 번째　　② 세 번째

③ 네 번째　　④ 다섯 번째

(50) 四　㉠ 획의 쓰는 순서를 아래에서 찾아 번호를 쓰세요. (　　　　)

① 두 번째　　② 세 번째

③ 네 번째　　④ 다섯 번째

사단법인 한국어문회 · 한국한자능력검정회

수험번호 □□□-□□-□□□□   성명 □□□□□

주민등록번호 □□□□□□-□□□□□□□ ※ 유성 사인펜, 붉은색 필기구 사용 불가.

※ 답안지는 컴퓨터로 처리되므로 구기거나 더럽히지 마시고, 정답 칸 안에만 쓰십시오.
　글씨가 채점란으로 들어오면 오답 처리가 됩니다.

전국한자능력검정시험 8급 답안지(1)

번호	답안란 정답	채점란 1검	2검	번호	답안란 정답	채점란 1검	2검
1				13			
2				14			
3				15			
4				16			
5				17			
6				18			
7				19			
8				20			
9				21			
10				22			
11				23			
12				24			

감독위원	채점위원(1)		채점위원(2)		채점위원(3)	
(서명)	(득점)	(서명)	(득점)	(서명)	(득점)	(서명)

※ 뒷면으로 이어짐

사단법인 한국어문회 · 한국한자능력검정회

※ 본 답안지는 컴퓨터로 처리되므로 구겨지거나 더럽혀지지 않도록 조심하시고 글씨를 칸 안에 또박또박 쓰십시오.

전국한자능력검정시험 8급 답안지(2)

번호	답안란 정답	채점란 1검	2검	번호	답안란 정답	채점란 1검	2검
25				38			
26				39			
27				40			
28				41			
29				42			
30				43			
31				44			
32				45			
33				46			
34				47			
35				48			
36				49			
37				50			

한자능력 검정시험 기출유형문제

시험시간 50분

이 예상 문제는 최근 기출 문제의 유형을 분석하여 출제한 것입니다.

1 다음 글을 읽고 밑줄 친 漢字(한자)의 讀音(독음:읽는 소리)을 쓰세요. (1~16)

> 보기   音 → 음

오늘 (1)學(2)校에서 (3)大(4)韓(5)民(6)國의 (7)軍(8)人아저씨께 감사 편지를 썼습니다. (9)先(10)生님께서는 잘 쓴 편지를 골라 (11)敎(12)室 뒤에 걸어 두겠다고 하셨습니다. 나는 나라를 지키느라 고생하는 아저씨들을 생각하며, (13)父(14)母님의 말씀을 잘 듣고 (15)兄(16)弟들과도 친하게 지내기로 다짐했습니다.

(1) 學 (　　　　)
(2) 校 (　　　　)
(3) 大 (　　　　)
(4) 韓 (　　　　)
(5) 民 (　　　　)
(6) 國 (　　　　)
(7) 軍 (　　　　)
(8) 人 (　　　　)
(9) 先 (　　　　)
(10) 生 (　　　　)
(11) 敎 (　　　　)
(12) 室 (　　　　)
(13) 父 (　　　　)
(14) 母 (　　　　)
(15) 兄 (　　　　)
(16) 弟 (　　　　)

2 다음 글을 읽고 밑줄 친 말에 해당하는 漢字(한자)를 〈보기〉에서 찾아 그 번호를 쓰세요. (17~31)

> 보기   ①北 ②七 ③靑 ④八 ⑤九 ⑥十 ⑦南 ⑧山 ⑨東 ⑩五 ⑪一 ⑫二 ⑬六 ⑭木 ⑮西

가. (17)여덟 밤만 더 지나면 기다리던 방학입니다.

나. (18)둘에 (19)다섯을 더하면 (20)일곱이 됩니다.

다. (21)열에서 (22)하나를 빼면 (23)아홉이 됩니다.

라. 우리 집 마당에는 (24)푸른 (25)나무가 (26)여섯 그루 있습니다.

마. (27)산에서는 (28)동(29)서(30)남(31)북을 알 수 있는 나침반이 필요합니다.

(17) 여덟 (　　　　)
(18) 둘 (　　　　)
(19) 다섯 (　　　　)
(20) 일곱 (　　　　)
(21) 열 (　　　　)
(22) 하나 (　　　　)
(23) 아홉 (　　　　)
(24) 푸른 (　　　　)
(25) 나무 (　　　　)
(26) 여섯 (　　　　)
(27) 산 (　　　　)
(28) 동 (　　　　)
(29) 서 (　　　　)
(30) 남 (　　　　)
(31) 북 (　　　　)

3 다음에 알맞은 漢字(한자)를 〈보기〉에서
찾아 그 번호를 쓰세요. (32~37)

보기   ①月   ②外   ③火
       ④日   ⑤水   ⑥中

(32) 불   (   )

(33) 날   (   )

(34) 달   (   )

(35) 물   (   )

(36) 바깥   (   )

(37) 가운데 (   )

4 다음 漢字(한자)의 訓(훈:뜻)과 音(음:소리)을
쓰세요. (38~48)

보기   天 → 하늘 천

(38) 女 (   )

(39) 萬 (   )

(40) 三 (   )

(41) 土 (   )

(42) 門 (   )

(43) 王 (   )

(44) 寸 (   )

(45) 金 (   )

(46) 小 (   )

(47) 長 (   )

(48) 四 (   )

5 다음 물음에 답하세요. (49~50)

(49) 年 ㉠ ㉠ 획의 쓰는 순서를 아래에서
찾아 번호를 쓰세요. (   )

① 첫 번째   ② 두 번째
③ 세 번째   ④ 네 번째

(50) 山 ㉠ ㉠ 획의 쓰는 순서를 아래에서
찾아 번호를 쓰세요. (   )

① 첫 번째   ② 두 번째
③ 세 번째   ④ 네 번째

年(해 년), 山(메 산)

내가 채점 위원이 되어 친구의 답안지를 채점해 봅시다.

방법
1. 위쪽의 점선을 따라 가위로 답안지를 자릅니다.
2. 29쪽에 있는 4회 시험지를 제대로 풀었는지 채점해 봅니다.
3. 답안지의 뒤쪽도 계속해서 채점해 봅니다.
4. 내가 채점을 올바르게 했는지 정답 카드에 있는 정답과 비교해 봅니다.

친구는 과연 합격했을까요? 빨간 색연필을 들고 채점해 보세요.

수험번호	1 4 2 - 2 7 - 6 5 4 2	성명	김 정 수		
주민등록번호	1 2 3 4 5 6 - 7 8 9 1 2 3 4				

전국한자능력검정시험 8급 답안지(1)

번호	답안란 정답	채점란 1검	2검	번호	답안란 정답	채점란 1검	2검
1	4			13	학		
2	7			14	교		
3	2			15	성		
4	8			16	생		
5	5			17	8		
6	3			18	1		
7	1			19	5		
8	6			20	4		
9	부			21	3		
10	모			22	7		
11	형			23	2		
12	재			24	6		

계속해서 채점해 보세요.

전국한자능력검정시험 8급 답안지(2)							
답안란		채점란		답안란		채점란	
번호	정답	1검	2검	번호	정답	1검	2검
25	4			38	바깥 외		
26	3			39	6		
27	나라 한			40	4		
28	군사 군			41	9		
29	긴 장			42	2		
30	해 일			43	10		
31	백성 민			44	5		
32	나라 국			45	8		
33	쇠 금/성 김			46	1		
34	해 년			47	4		
35	아홉 구			48	2		
36	석 삼			49	2		
37	학교 교			50	3		

(8급은 50문제 중에서 35문제 이상 맞아야 합격입니다.)

＊내가 올바르게 채점했는지 정답 카드에 있는 정답과 비교해 보세요.

한자능력 검정시험 기출유형문제

4회 합격문항 : 35개 시험시간 50분

1 다음에 알맞은 漢字(한자)를 〈보기〉에서 찾아 그 번호를 쓰세요. (1~8)

> 보기
> ① 八 ② 萬 ③ 王 ④ 室
> ⑤ 一 ⑥ 九 ⑦ 寸 ⑧ 六

(1) 집　　　　　(　　　　　)
(2) 마디　　　　(　　　　　)
(3) 임금　　　　(　　　　　)
(4) 여섯　　　　(　　　　　)
(5) 하나　　　　(　　　　　)
(6) 일만　　　　(　　　　　)
(7) 여덟　　　　(　　　　　)
(8) 아홉　　　　(　　　　　)

2 다음 글을 읽고 밑줄 친 漢字(한자)의 讀音(독음:읽는 소리)을 쓰세요. (9~16)

> 보기
> 男 → 남

우리 (9)父(10)母님께서는 항상 (11)兄(12)弟들과 사이좋게 지내라고 말씀하십니다. 그리고 (13)學(14)校에서는 (15)先(16)生님 말씀을 잘 듣고 어려운 친구들을 돕는 사람이 되어야 한다고 하셨습니다.

(9) 父 (　　　　　)
(10) 母 (　　　　　)
(11) 兄 (　　　　　)
(12) 弟 (　　　　　)

(13) 學 (　　　　　)
(14) 校 (　　　　　)
(15) 先 (　　　　　)
(16) 生 (　　　　　)

3 다음에 알맞은 漢字(한자)를 〈보기〉에서 찾아 그 번호를 쓰세요. (17~24)

> 보기
> ① 東 ② 小 ③ 西 ④ 火
> ⑤ 水 ⑥ 大 ⑦ 月 ⑧ 日

(17) 날　　　　　(　　　　　)
(18) 달　　　　　(　　　　　)
(19) 물　　　　　(　　　　　)
(20) 불　　　　　(　　　　　)
(21) 작다　　　　(　　　　　)
(22) 동쪽　　　　(　　　　　)
(23) 서쪽　　　　(　　　　　)
(24) 크다　　　　(　　　　　)

4 다음의 漢字(한자)는 무엇을 본떠서 만든 글자입니다. 〈보기〉에서 찾아 그 번호를 쓰세요. (25~26)

> 보기
> ① 三 ② 山 ③ 人 ④ 門

(25) 문의 모양을 본떠서 만든 글자는?
　　　　　　　　　　(　　　　　)
(26) 산의 모양을 본떠서 만든 글자는?
　　　　　　　　　　(　　　　　)

5 다음 漢字(한자)의 訓(훈:뜻)과 音(음:소리)을 쓰세요. (27~38)

(27) 國 (　　　　)
(28) 軍 (　　　　)
(29) 長 (　　　　)
(30) 白 (　　　　)
(31) 民 (　　　　)
(32) 韓 (　　　　)
(33) 金 (　　　　)
(34) 年 (　　　　)
(35) 十 (　　　　)
(36) 三 (　　　　)
(37) 敎 (　　　　)
(38) 外 (　　　　)

6 다음 글을 읽고 밑줄 친 말에 해당하는 漢字(한자)를 <보기>에서 찾아 그 번호를 쓰세요. (39~48)

가. (39)북쪽에는 집이 (40)두 채있습니다.
나. (41)남쪽에는 (42)푸른 숲이 있습니다.
다. (43)일곱에서 (44)다섯을 빼면 둘이 됩니다.
라. (45)나무를 심기 위해 화분에 (46)흙을 담았습니다.
마. (47)여자 화장실은 복도 (48)가운데에 있습니다.

(39) 북쪽 (　　　　　　)
(40) 두 (　　　　　　)
(41) 남쪽 (　　　　　　)
(42) 푸른 (　　　　　　)
(43) 일곱 (　　　　　　)
(44) 다섯 (　　　　　　)
(45) 나무 (　　　　　　)
(46) 흙 (　　　　　　)
(47) 여자 (　　　　　　)
(48) 가운데 (　　　　　　)

7 다음 물음에 답하세요. (49~50)

(49) 白 ㉠ 획의 쓰는 순서를 아래에서 찾아 번호를 쓰세요.(　　　)

① 두 번째　　② 세 번째
③ 네 번째　　④ 다섯 번째

(50) 月 ㉠ 획의 쓰는 순서를 아래에서 찾아 번호를 쓰세요.(　　　)

① 첫 번째　　② 두 번째
③ 세 번째　　④ 네 번째

매일매일 실력이 쑥쑥

사단법인 한국어문회 · 한국한자능력검정회

수험번호 □□□-□□-□□□□　　성명 □□□□□

주민등록번호 □□□□□□-□□□□□□□　※ 유성 사인펜, 붉은색 필기구 사용 불가.

※ 답안지는 컴퓨터로 처리되므로 구기거나 더럽히지 마시고, 정답 칸 안에만 쓰십시오.
　글씨가 채점란으로 들어오면 오답 처리가 됩니다.

문제를 풀 때는 실제 시험을 보는 것처럼 시험 시간을 정해두고 시간 안에 풀 수 있도록 연습해야 해요. 그래야 시험장에서 긴장하지 않고 정해진 시간 안에 문제를 모두 풀 수 있어요.

전국한자능력검정시험 8급 답안지(1)

번호	답안란 정답	채점란 1검	2검	번호	답안란 정답	채점란 1검	2검
1				13			
2				14			
3				15			
4				16			
5				17			
6				18			
7				19			
8				20			
9				21			
10				22			
11				23			
12				24			

벌써 문제를 반이나 풀었어. 시간이 얼마나 남았는지 확인해 볼래?

감독위원	채점위원(1)	채점위원(2)	채점위원(3)
(서명)	(득점) (서명)	(득점) (서명)	(득점) (서명)

※ 뒷면으로 이어짐

※ 본 답안지는 컴퓨터로 처리되므로 구겨지거나 더렵혀지지 않도록 조심하시고 글씨를 칸 안에 또박또박 쓰십시오.

전국한자능력검정시험 8급 답안지(2)

번호	답안란 정답	채점란 1검	채점란 2검	번호	답안란 정답	채점란 1검	채점란 2검
25				38			
26				39			
27				40			
28				41			
29				42			
30				43			
31				44			
32				45			
33				46			
34				47			
35				48			
36				49			
37				50			

이 예상 문제는 최근 기출 문제의 유형을 분석하여 출제한 것입니다.

1 다음 漢字(한자)의 訓(훈:뜻)과 音(음:소리)을 쓰세요. (1~10)

> 보기 子 → 아들 자

(1) 月 (   )
(2) 八 (   )
(3) 父 (   )
(4) 七 (   )
(5) 王 (   )
(6) 母 (   )
(7) 五 (   )
(8) 室 (   )
(9) 弟 (   )
(10) 六 (   )

2 다음 글을 읽고 밑줄 친 漢字(한자)의 讀音(독음:읽는 소리)을 쓰세요. (11~20)

> 보기 男 → 남

(11)中(12)學(13)校에 다니는 형이 글짓기 대회에서 (14)金상을 받았습니다. 형은 상으로 (15)韓(16)國 위인전 전집을 받아 왔습니다. (17)女동생과 나는 신이 나서 큰소리로 (18)萬세를 불렀습니다. (19)三(20)寸께서도 잘 했다며 축하해 주셨습니다.

(11) 中 (   )
(12) 學 (   )
(13) 校 (   )
(14) 金 (   )
(15) 韓 (   )
(16) 國 (   )
(17) 女 (   )
(18) 萬 (   )
(19) 三 (   )
(20) 寸 (   )

3 다음에 알맞은 漢字(한자)를 〈보기〉에서 찾아 그 번호를 쓰세요. (21~30)

> 보기 ①小 ②火 ③西 ④長 ⑤軍 ⑥東 ⑦大 ⑧北 ⑨一 ⑩日

(21) 날 (   )
(22) 불 (   )
(23) 길다 (   )
(24) 크다 (   )
(25) 군사 (   )
(26) 동쪽 (   )
(27) 하나 (   )
(28) 작다 (   )
(29) 북쪽 (   )
(30) 서쪽 (   )

4 다음 漢字(한자)의 訓(훈:뜻)이나 音(음:소리)을 〈보기〉에서 찾아 그 번호를 쓰세요. (31~38)

(31) 兄 (   )

(32) 外 (   )

(33) 門 (   )

(34) 先 (   )

(35) 年 (   )

(36) 民 (   )

(37) 教 (   )

(38) 十 (   )

5 다음 글을 읽고 밑줄 친 말에 해당하는 漢字(한자)를 〈보기〉에서 찾아 그 번호를 쓰세요. (39~48)

가. (39)아홉에 (40)넷을 더하면 얼마입니까?

나. (41)둘이서 함께 사과(42)나무를 심었습니다.

다. (43)흰 종이에 (44)푸른 물감으로 그림을 그렸습니다.

라. (45)사람들이 (46)흙을 모아 모래성을 쌓았습니다.

마. 우리 나라는 (47)남한과 (48)북한으로 나뉘어있습니다.

(39) 아홉 (   )

(40) 넷 (   )

(41) 둘 (   )

(42) 나무 (   )

(43) 흰 (   )

(44) 푸른 (   )

(45) 사람 (   )

(46) 흙 (   )

(47) 남 (   )

(48) 북 (   )

6 다음 물음에 답하세요. (49~50)

(49) 水 ㉠ 획의 쓰는 순서를 아래에서 찾아 번호를 쓰세요. (   )

① 첫 번째 ② 두 번째
③ 세 번째 ④ 네 번째

(50) 中 ㉠ 획의 쓰는 순서를 아래에서 찾아 번호를 쓰세요. (   )

① 첫 번째 ② 두 번째
③ 세 번째 ④ 네 번째

사단법인 한국어문회 · 한국한자능력검정회

수험번호 □□□-□□-□□□□

성명 □□□□□

주민등록번호 □□□□□□-□□□□□□□ ※ 유성 사인펜, 붉은색 필기구 사용 불가.

※ 답안지는 컴퓨터로 처리되므로 구기거나 더럽히지 마시고, 정답 칸 안에만 쓰십시오.
  글씨가 채점란으로 들어오면 오답 처리가 됩니다.

전국한자능력검정시험 8급 답안지(1)

번호	답안란 정답	채점란 1검	채점란 2검	번호	답안란 정답	채점란 1검	채점란 2검
1				13			
2				14			
3				15			
4				16			
5				17			
6				18			
7				19			
8				20			
9				21			
10				22			
11				23			
12				24			

감독위원	채점위원(1)		채점위원(2)		채점위원(3)	
(서명)	(득점)	(서명)	(득점)	(서명)	(득점)	(서명)

본 답안지는 사단법인 한국어문화회가 주관하고 한국한자능력검정회가 시행하는 한자능력검정시험에 사용되는 답안지와 동일한 형식입니다. 본 답안지는 실제 시험에는 사용할 수 없습니다.

※ 뒷면으로 이어짐

사단법인 한국어문회 · 한국한자능력검정회

※ 본 답안지는 컴퓨터로 처리되므로 구겨지거나 더렵혀지지 않도록 조심하시고 글씨를 칸 안에 또박또박 쓰십시오.

전국한자능력검정시험 8급 답안지(2)

번호	답안란 정답	채점란 1검	채점란 2검	번호	답안란 정답	채점란 1검	채점란 2검
25				38			
26				39			
27				40			
28				41			
29				42			
30				43			
31				44			
32				45			
33				46			
34				47			
35				48			
36				49			
37				50			

이 예상 문제는 최근 기출 문제의 유형을 분석하여 출제한 것입니다.

1 다음 글을 읽고 밑줄 친 漢字(한자)의 讀音(독음:읽는 소리)을 쓰세요. (1~20)

보기   音 → 음

(1)八(2)月 (3)十(4)五(5)日은 광복절입니다. 아침에 일어나자마자 (6)父(7)母님과 함께 태극기를 달았습니다. 오후에는 (8)中(9)學(10)生인 (11)四(12)寸(13)兄과 함께 (14)南(15)山에 올라갔습니다. 동쪽으로 (16)東(17)大(18)門이 보이고 (19)西쪽으로는 우리 집이 보였습니다. 비가 오려고 그러는지 (20)北쪽 하늘에 먹구름이 끼어 있었습니다. 우리는 서둘러 산을 내려왔습니다.

(1) 八 (　　　　)
(2) 月 (　　　　)
(3) 十 (　　　　)
(4) 五 (　　　　)
(5) 日 (　　　　)
(6) 父 (　　　　)
(7) 母 (　　　　)
(8) 中 (　　　　)
(9) 學 (　　　　)
(10) 生 (　　　　)
(11) 四 (　　　　)
(12) 寸 (　　　　)
(13) 兄 (　　　　)
(14) 南 (　　　　)
(15) 山 (　　　　)
(16) 東 (　　　　)
(17) 大 (　　　　)
(18) 門 (　　　　)
(19) 西 (　　　　)
(20) 北 (　　　　)

2 다음 漢字(한자)의 訓(훈:뜻)과 音(음:소리)을 쓰세요. (21~30)

보기   音 → 소리 음

(21) 外 (　　　　)
(22) 王 (　　　　)
(23) 國 (　　　　)
(24) 敎 (　　　　)
(25) 小 (　　　　)
(26) 火 (　　　　)
(27) 土 (　　　　)
(28) 金 (　　　　)
(29) 韓 (　　　　)
(30) 七 (　　　　)

3 다음에 알맞은 漢字(한자)를 〈보기〉에서 찾아 그 번호를 쓰세요. (31~40)

보기　①三　②六　③萬　④軍　⑤先　⑥白　⑦民　⑧一　⑨九　⑩靑

(31) 석 삼　　　(　　　　)
(32) 한 일　　　(　　　　)
(33) 흰 백　　　(　　　　)
(34) 일만 만　　(　　　　)
(35) 군사 군　　(　　　　)
(36) 푸를 청　　(　　　　)
(37) 여섯 륙　　(　　　　)
(38) 백성 민　　(　　　　)
(39) 아홉 구　　(　　　　)
(40) 먼저 선　　(　　　　)

4 다음 글을 읽고 밑줄 친 말에 해당하는 漢字(한자)를 〈보기〉에서 찾아 그 번호를 쓰세요. (41~48)

보기　①水　②年　③校　④室　⑤木　⑥二　⑦人　⑧弟

　올(41)해에는 비가 많이 와서 전국적으로 (42)물난리가 많이 났습니다. (43)동생(아우)과 나는 (44)둘이서 물난리가 난 곳으로 봉사활동을 하러 갔습니다. 그 곳에는 (45)나무와 (46)학교, (47)집들이 모두 물에 잠겨 있었습니다. 우리는 (48)사람들과 힘을 모아 열심히 일을 했습니다.

(41) 해　　　　　　(　　　　　　)
(42) 물　　　　　　(　　　　　　)
(43) 동생(아우) 　　(　　　　　　)
(44) 둘　　　　　　(　　　　　　)
(45) 나무　　　　　(　　　　　　)
(46) 학교　　　　　(　　　　　　)
(47) 집　　　　　　(　　　　　　)
(48) 사람　　　　　(　　　　　　)

5 다음 물음에 답하세요. (49~50)

(49) 長 ㉠ ㉠ 획의 쓰는 순서를 아래에서 찾아 번호를 쓰세요.(　　　)

① 첫 번째　　　② 두 번째
③ 세 번째　　　④ 네 번째

(50) 女 ㉠ ㉠ 획의 쓰는 순서를 아래에서 찾아 번호를 쓰세요.(　　　)

① 첫 번째　　　② 두 번째
③ 세 번째　　　④ 네 번째

매일매일 실력이 **쑥쑥**

사단법인 한국어문회 · 한국한자능력검정회

수험번호 □□□-□□-□□□□   성명 □□□□□

주민등록번호 □□□□□□-□□□□□□□ ※ 유성 사인펜, 붉은색 필기구 사용 불가.

※ 답안지는 컴퓨터로 처리되므로 구기거나 더럽히지 마시고, 정답 칸 안에만 쓰십시오.
  글씨가 채점란으로 들어오면 오답 처리가 됩니다.

전국한자능력검정시험 8급 답안지(1)

번호	답안란 정답	채점란 1검	채점란 2검	번호	답안란 정답	채점란 1검	채점란 2검
1				13			
2				14			
3				15			
4				16			
5				17			
6				18			
7				19			
8				20			
9				21			
10				22			
11				23			
12				24			

감독위원	채점위원(1)		채점위원(2)		채점위원(3)	
(서명)	(득점)	(서명)	(득점)	(서명)	(득점)	(서명)

※ 뒷면으로 이어짐

※ 본 답안지는 컴퓨터로 처리되므로 구겨지거나 더렵혀지지 않도록 조심하시고 글씨를 칸 안에 또박또박 쓰십시오.

전국한자능력검정시험 8급 답안지(2)

번호	답안란 정답	채점란 1검	채점란 2검	번호	답안란 정답	채점란 1검	채점란 2검
25				38			
26				39			
27				40			
28				41			
29				42			
30				43			
31				44			
32				45			
33				46			
34				47			
35				48			
36				49			
37				50			

합격문항 : 35개

시험시간 50분

이 예상 문제는 최근 기출 문제의 유형을 분석하여 출제한 것입니다.

---

1 다음 글을 읽고 밑줄 친 漢字(한자)의 讀音(독음:읽는 소리)을 쓰세요. (1~15)

> 보기 音 → 음

(1)十(2)二(3)月에는 크리스마스가 있습니다. (4)國(5)民들은 모두 눈이 오기를 기대합니다. 그러나 (6)軍대에 간 (7)三(8)寸은 눈이 싫다고 말합니다.

十月 (9)九(10)日은 한글날입니다. 한글은 세종(11)大(12)王께서 만드셨습니다.

(13)五월 五일은 어린이날입니다. 올해에는 (14)父(15)母님께서 어떤 멋진 선물을 주실지 벌써부터 기대가 됩니다.

(1) 十 (　　　　)
(2) 二 (　　　　)
(3) 月 (　　　　)
(4) 國 (　　　　)
(5) 民 (　　　　)
(6) 軍 (　　　　)
(7) 三 (　　　　)
(8) 寸 (　　　　)
(9) 九 (　　　　)
(10) 日 (　　　　)
(11) 大 (　　　　)
(12) 王 (　　　　)
(13) 五 (　　　　)
(14) 父 (　　　　)
(15) 母 (　　　　)

2 다음 漢字(한자)의 訓(훈:뜻)과 音(음:소리)을 쓰세요. (16~25)

> 보기 音 → 소리 음

(16) 年 (　　　　)
(17) 北 (　　　　)
(18) 東 (　　　　)
(19) 長 (　　　　)
(20) 人 (　　　　)
(21) 萬 (　　　　)
(22) 南 (　　　　)
(23) 室 (　　　　)
(24) 靑 (　　　　)
(25) 金 (　　　　)

3 다음에 알맞은 漢字(한자)를 〈보기〉에서 찾아 그 번호를 쓰세요. (26~35)

> 보기 ①校 ②先 ③白 ④敎 ⑤西
> ⑥四 ⑦六 ⑧門 ⑨水 ⑩七

(26) 넉 사 (　　　　)
(27) 물 수 (　　　　)
(28) 흰 백 (　　　　)
(29) 문 문 (　　　　)
(30) 서녘 서 (　　　　)
(31) 여섯 륙 (　　　　)
(32) 먼저 선 (　　　　)
(33) 일곱 칠 (　　　　)
(34) 학교 교 (　　　　)
(35) 가르칠 교 (　　　　)

4 아래 글의 ㉠과 ㉡의 밑줄 친 낱말에 공통으로 쓰이는 漢字(한자)를 〈보기〉에서 찾아 그 번호를 쓰세요. (36~38)

보기
① 火　② 外　③ 月
④ 女　⑤ 校　⑥ 木

(36) ㉠ 목요일에 방학을 합니다.
　　 ㉡ 식목일에는 나무를 심습니다.
　　　　　　　　　（　　　　　）

(37) ㉠ 이모는 여군입니다.
　　 ㉡ 나는 여동생이 있습니다.
　　　　　　　　　（　　　　　）

(38) ㉠ 교외로 이사 갑니다.
　　 ㉡ 옆집에는 외국인이 살고 있습니다.
　　　　　　　　　（　　　　　）

5 다음 글자들은 무슨 뜻이며 어떤 音(음:소리)으로 읽을까요? 〈보기〉에서 찾아 그 번호를 써 보세요. (39~48)

보기
① 흙 ② 화 ③ 둘 ④ 토 ⑤ 아우
⑥ 한 ⑦ 불 ⑧ 제 ⑨ 이 ⑩ 나라

(39) 火는 (　　　)(이)라는 뜻입니다.
(40) 火는 (　　　)(이)라고 읽습니다.
(41) 土는 (　　　)(이)라는 뜻입니다.
(42) 土는 (　　　)(이)라고 읽습니다.
(43) 二는 (　　　)(이)라는 뜻입니다.
(44) 二는 (　　　)(이)라고 읽습니다.

(45) 韓은 (　　　)(이)라는 뜻입니다.
(46) 韓은 (　　　)(이)라고 읽습니다.
(47) 弟는 (　　　)(이)라는 뜻입니다.
(48) 弟는 (　　　)(이)라고 읽습니다.

6 다음 물음에 답하세요. (49~50)

(49) 西 ㉠ 획의 쓰는 순서를 아래에서 찾아 번호를 쓰세요. (　　　)

① 세 번째　　　② 네 번째
③ 다섯 번째　　④ 여섯 번째

(50) 生 ㉠ 획의 쓰는 순서를 아래에서 찾아 번호를 쓰세요. (　　　)

① 첫 번째　　　② 두 번째
③ 세 번째　　　④ 네 번째

이번 8회 답안지도 내가 채점 위원이 되어 채점해 봅시다.

방법
1. 위쪽의 점선을 따라 가위로 답안지를 자릅니다.
2. 45쪽에 있는 8회 시험지를 제대로 풀었는지 채점해 봅니다.
3. 답안지의 뒤쪽도 계속해서 채점해 봅니다.
4. 내가 채점을 올바르게 했는지 정답 카드에 있는 정답과 비교해 봅니다.

이 친구의 실력은 어떨까요? 자, 이번에도 빨간 색연필을 들고 채점해 보세요.

수험번호	1 2 3 - 4 5 - 6 7 8 9	성명	최 다 희
주민등록번호	1 2 3 4 5 6 - 7 8 9 1 2 3 4		

전국한자능력검정시험 8급 답안지(1)

번호	답안란 정답	채점란 1검	2검	번호	답안란 정답	채점란 1검	2검
1	대			13	샌		
2	한			14	보		
3	민			15	모		
4	국			16	9		
5	군			17	4		
6	인			18	5		
7	삼			19	3		
8	춘			20	6		
9	형			21	8		
10	제			22	7		
11	중			23	1		
12	학			24	10		

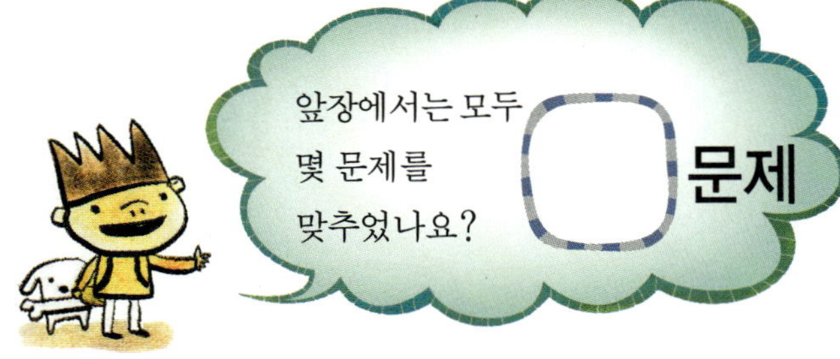

계속해서 채점해 보세요.

	전국한자능력검정시험 8급 답안지(2)							
	답안란	채점란			답안란	채점란		
번호	정답	1검	2검	번호	정답	1검	2검
25	2			38	5		
26	북녘북			39	2		
27	먼저 선			40	3		
28	쇠 김 / 성 금			41	8		
29	일천 천			42	1		
30	흰 백			43	6		
31	임금 왕			44	4		
32	긴 장			45	2		
33	여덟 팔			46	3		
34	열 십			47	5		
35	여섯 륙			48	1		
36	4			49	3		
37	7			50	4		

(8급은 50문제 중에서 35문제 이상 맞아야 합격입니다.)

＊내가 올바르게 채점했는지 정답 카드에 있는 정답과 비교해 보세요.

4회 시험지를 풀어 봤던 정수와 8회 시험지를 풀어 본 다희 중에서 누구의 실력이 더 좋은가요?

이 예상 문제는 최근 기출 문제의 유형을 분석하여 출제한 것입니다.

1 다음 글을 읽고 밑줄 친 漢字(한자)의 讀音(독음:읽는 소리)을 쓰세요. (1~15)

보기 ┃ 音 → 음

오늘 (1)大(2)韓(3)民(4)國의 자랑스러운 (5)軍(6)人인 (7)三(8)寸이 휴가를 나왔습니다. 우리 (9)兄(10)弟와 (11)中(12)學(13)生인 사촌 동생은 오랜만에 보는 三寸이 무척 반가웠습니다. (14)父(15)母님도 매우 좋아하셨습니다.

(1) 大 (   )
(2) 韓 (   )
(3) 民 (   )
(4) 國 (   )
(5) 軍 (   )
(6) 人 (   )
(7) 三 (   )
(8) 寸 (   )
(9) 兄 (   )
(10) 弟 (   )
(11) 中 (   )
(12) 學 (   )
(13) 生 (   )
(14) 父 (   )
(15) 母 (   )

2 다음 글을 읽고 밑줄 친 말에 해당하는 漢字(한자)를 〈보기〉에서 찾아 그 번호를 쓰세요. (16~25)

보기 ┃ ①靑 ②月 ③東 ④門 ⑤室 ⑥五 ⑦木 ⑧七 ⑨山 ⑩年

가. 창(16)문으로 높은 (17)산이 보입니다.
나. 이 (18)집은 (19)동쪽을 향해 지어졌습니다.
다. (20)다섯에다 (21)일곱을 더하면 얼마일까요?
라. (22)나무들 사이로 (23)푸른 하늘이 보입니다.
마. (24)해마다 추석에는 밤에 뜨는 보름 (25)달을 보며 소원을 빕니다.

(16) 문 (   )
(17) 산 (   )
(18) 집 (   )
(19) 동쪽 (   )
(20) 다섯 (   )
(21) 일곱 (   )
(22) 나무 (   )
(23) 푸른 (   )
(24) 해 (   )
(25) 달 (   )

3 다음 漢字(한자)의 訓(훈:뜻)과 音(음:소리)을 쓰세요. (26~35)

> 보기   音 → 소리 음

(26) 北 (   )
(27) 先 (   )
(28) 金 (   )
(29) 萬 (   )
(30) 白 (   )
(31) 王 (   )
(32) 長 (   )
(33) 八 (   )
(34) 十 (   )
(35) 六 (   )

4 다음 漢字(한자)의 訓(훈:뜻)이나 音(음:소리)을 〈보기〉에서 찾아 그 번호를 쓰세요. (36~43)

> 보기   ①흙 ②교 ③년 ④바깥
>   ⑤구 ⑥일 ⑦서 ⑧남녘

(36) 外 (   )
(37) 西 (   )
(38) 九 (   )
(39) 敎 (   )
(40) 年 (   )
(41) 南 (   )
(42) 土 (   )
(43) 日 (   )

5 다음에 알맞은 漢字(한자)를 〈보기〉에서 찾아 그 번호를 쓰세요. (44~48)

> 보기   ①校 ②四 ③小 ④二 ⑤女

(44) 둘 (   )
(45) 넷 (   )
(46) 작다 (   )
(47) 여자 (   )
(48) 학교 (   )

6 다음 물음에 답하세요. (49~50)

(49) 父 ㉠ 획의 쓰는 순서를 아래에서 찾아 번호를 쓰세요.(   )

① 첫 번째   ② 두 번째
③ 세 번째   ④ 네 번째

(50) 火 ㉠ 획의 쓰는 순서를 아래에서 찾아 번호를 쓰세요.(   )

① 첫 번째   ② 두 번째
③ 세 번째   ④ 네 번째

매일매일 실력이 쑥쑥

사단법인 한국어문회·한국한자능력검정회

수험번호 □□□-□□-□□□□   성명 □□□□□

주민등록번호 □□□□□□-□□□□□□□
※ 유성 사인펜, 붉은색 필기구 사용 불가.

9회와 10회는 앞에서 틀렸던 문제들을 모두 확인한 후에 풀어 보세요. 틀렸던 문제를 또 틀리지 않았는지 확인하고 실제 시험에서는 정답을 쓸 수 있도록 반복해서 익혀 주세요.

※ 답안지는 컴퓨터로 처리되므로 구기거나 더럽히지 마시고, 정답 칸 안에만 쓰십시오.
   글씨가 채점란으로 들어오면 오답 처리가 됩니다.

전국한자능력검정시험 8급 답안지(1)

번호	답안란 정답	채점란 1검	채점란 2검	번호	답안란 정답	채점란 1검	채점란 2검
1				13			
2				14			
3				15			
4				16			
5				17			
6				18			
7				19			
8				20			
9				21			
10				22			
11				23			
12				24			

감독위원	채점위원(1)		채점위원(2)		채점위원(3)	
(서명)	(득점)	(서명)	(득점)	(서명)	(득점)	(서명)

본 답안지는 사단법인 한국어문화가 주관하고 한국한자능력검정회가 시행하는 한자능력검정시험에 사용되는 답안지와 동일한 형식입니다. 본 답안지는 실제 시험에는 사용할 수 없습니다.

※ 뒷면으로 이어짐

사단법인 한국어문회·한국한자능력검정회

※ 본 답안지는 컴퓨터로 처리되므로 구겨지거나 더렵혀지지 않도록 조심하시고 글씨를 칸 안에 또박또박 쓰십시오.

전국한자능력검정시험 8급 답안지(2)

번호	답안란 정답	채점란 1검	채점란 2검	번호	답안란 정답	채점란 1검	채점란 2검
25				38			
26				39			
27				40			
28				41			
29				42			
30				43			
31				44			
32				45			
33				46			
34				47			
35				48			
36				49			
37				50			

이 예상 문제는 최근 기출 문제의 유형을 분석하여 출제한 것입니다.

1 다음 漢字(한자)의 訓(훈:뜻)과 音(음:소리)을 쓰세요. (1~10)

> 보기   音 → 소리 음

(1) 先 (　　　　　)
(2) 敎 (　　　　　)
(3) 長 (　　　　　)
(4) 十 (　　　　　)
(5) 土 (　　　　　)
(6) 母 (　　　　　)
(7) 八 (　　　　　)
(8) 北 (　　　　　)
(9) 木 (　　　　　)
(10) 生 (　　　　　)

(11) 四 (　　　　　)
(12) 寸 (　　　　　)
(13) 兄 (　　　　　)
(14) 靑 (　　　　　)
(15) 年 (　　　　　)
(16) 大 (　　　　　)
(17) 日 (　　　　　)
(18) 韓 (　　　　　)
(19) 國 (　　　　　)
(20) 金 (　　　　　)

2 다음 글을 읽고 밑줄 친 漢字(한자)의 讀音(독음:읽는 소리)을 쓰세요. (11~20)

> 보기   男 → 남

우리 (11)四(12)寸 (13)兄은 (14)靑소 (15)年 야구 대표팀의 선수입니다. 兄은 그 동안 각종 (16)大회에 나가 좋은 성적을 거두었습니다. 오늘은 (17)日본과 경기가 있는 날입니다. (18)韓(19)國이 이겨서 꼭 (20)金메달을 땄으면 좋겠습니다.

3 다음에 알맞은 漢字(한자)를 〈보기〉에서 찾아 그 번호를 쓰세요. (21~30)

> 보기   ①學 ②小 ③六 ④室 ⑤王
>   ⑥山 ⑦五 ⑧萬 ⑨二 ⑩弟

(21) 집 (　　　　　)
(22) 둘 (　　　　　)
(23) 메 (　　　　　)
(24) 작다 (　　　　　)
(25) 다섯 (　　　　　)
(26) 여섯 (　　　　　)
(27) 임금 (　　　　　)
(28) 일만 (　　　　　)
(29) 아우 (　　　　　)
(30) 배우다 (　　　　　)

4 다음 漢字(한자)의 訓(훈:뜻)이나 音(음:소리)을 〈보기〉에서 찾아 그 번호를 쓰세요. (31~38)

보기 ① 녀 ② 아홉 ③ 하나 ④ 화
　　　⑤ 군 ⑥ 서쪽 ⑦ 동쪽 ⑧ 교

(31) 九 (　　　　)
(32) 火 (　　　　)
(33) 一 (　　　　)
(34) 軍 (　　　　)
(35) 女 (　　　　)
(36) 東 (　　　　)
(37) 西 (　　　　)
(38) 校 (　　　　)

5 다음 글을 읽고 밑줄 친 말에 해당하는 漢字(한자)를 〈보기〉에서 찾아 그 번호를 쓰세요. (39~48)

보기 ① 七 ② 中 ③ 門 ④ 南 ⑤ 三
　　　⑥ 外 ⑦ 水 ⑧ 人 ⑨ 父 ⑩ 白

가. (39)일곱에서 (40)셋을 빼면 얼마입니까?
나. 친구가 대(41)문 (42)밖에서 기다립니다.
다. (43)사람들이 길 (44)가운데로 모여듭니다.
라. (45)아버지와 함께 (46)물가에서 놀았습니다.
마. (47)남쪽에는 (48)흰 꽃이 많이 피어 있습니다.

(39) 일곱　(　　　　)
(40) 셋　(　　　　)
(41) 문　(　　　　)
(42) 밖　(　　　　)
(43) 사람　(　　　　)
(44) 가운데　(　　　　)
(45) 아버지　(　　　　)
(46) 물　(　　　　)
(47) 남쪽　(　　　　)
(48) 흰　(　　　　)

6 다음 물음에 답하세요. (49~50)

(49) 門　㉠ 획의 쓰는 순서를 아래에서 찾아 번호를 쓰세요. (　　　　)

① 첫 번째　　② 두 번째
③ 세 번째　　④ 네 번째

(50) 民　㉠ 획의 쓰는 순서를 아래에서 찾아 번호를 쓰세요. (　　　　)

① 두 번째　　② 세 번째
③ 네 번째　　④ 다섯 번째

수험번호 □□□-□□-□□□□   성명 □□□□□

주민등록번호 □□□□□□-□□□□□□□   ※ 유성 사인펜, 붉은색 필기구 사용 불가.

※ 답안지는 컴퓨터로 처리되므로 구기거나 더럽히지 마시고, 정답 칸 안에만 쓰십시오.
  글씨가 채점란으로 들어오면 오답 처리가 됩니다.

마지막으로 남은 10회 시험이에요. 시험장에서 시험을 본다는 기분으로 최선을 다해 문제를 풀어 보세요.

전국한자능력검정시험 8급 답안지(1)

번호	답안란 정답	채점란 1검	2검	번호	답안란 정답	채점란 1검	2검
1				13			
2				14			
3				15			
4				16			
5				17			
6				18			
7				19			
8				20			
9				21			
10				22			
11				23			
12				24			

감독위원	채점위원(1)		채점위원(2)		채점위원(3)	
(서명)	(득점)	(서명)	(득점)	(서명)	(득점)	(서명)

※ 뒷면으로 이어짐

사단법인 한국어문회·한국한자능력검정회

※ 본 답안지는 컴퓨터로 처리되므로 구겨지거나 더렵혀지지 않도록 조심하시고 글씨를 칸 안에 또박또박 쓰십시오.

전국한자능력검정시험 8급 답안지(2)

번호	답안란 정답	채점란 1검	2검	번호	답안란 정답	채점란 1검	2검
25				38			
26				39			
27				40			
28				41			
29				42			
30				43			
31				44			
32				45			
33				46			
34				47			
35				48			
36				49			
37				50			

이 예상 문제는 최근 기출 문제의 유형을 분석하여 출제한 것입니다.

1 다음 글을 읽고 밑줄 친 漢字(한자)의 讀音(독음:읽는 소리)을 쓰세요. (1~24)

> 보기
>
> 木 → 목

이 곳은 (1)東(2)西(3)南(4)北 네 갈래로 갈라진 사거리입니다.

(5)大(6)韓(7)民(8)國의 애국가를 불렀습니다.

한자로 숫자를 세어 봅시다.

(9)一 (10)二 (11)三 (12)四 (13)五 (14)六 (15)七 (16)八

(17)先(18)生님께서 (19)敎(20)室에 들어오셨습니다.

우리 (21)兄(22)弟는 (23)父(24)母님 말씀을 잘 듣습니다.

(1) 東 (　　　　　)
(2) 西 (　　　　　)
(3) 南 (　　　　　)
(4) 北 (　　　　　)
(5) 大 (　　　　　)
(6) 韓 (　　　　　)
(7) 民 (　　　　　)
(8) 國 (　　　　　)
(9) 一 (　　　　　)
(10) 二 (　　　　　)
(11) 三 (　　　　　)
(12) 四 (　　　　　)
(13) 五 (　　　　　)
(14) 六 (　　　　　)
(15) 七 (　　　　　)
(16) 八 (　　　　　)
(17) 先 (　　　　　)
(18) 生 (　　　　　)
(19) 敎 (　　　　　)
(20) 室 (　　　　　)
(21) 兄 (　　　　　)
(22) 弟 (　　　　　)
(23) 父 (　　　　　)
(24) 母 (　　　　　)

2 다음 漢字(한자)의 訓(훈:뜻)과 音(음:소리)을 쓰세요. (25~30)

> 보기
>
> 音 → 소리 음

(25) 日 (　　　　　)
(26) 水 (　　　　　)
(27) 木 (　　　　　)
(28) 金 (　　　　　)
(29) 月 (　　　　　)
(30) 火 (　　　　　)

3 다음 글을 읽고 밑줄 친 말에 해당하는 漢字(한자)를 〈보기〉에서 찾아 그 번호를 쓰세요. (31~35)

보기 ① 九 ② 十 ③ 萬 ④ 人 ⑤ 女

(31)일만 명이 모여 있는 공원에서 (32)아홉 명의 봉사자들이 할아버지들에게 식사를 나눠드리고 있었습니다. 지나가던 한 (33)여자가 함께 하겠다고 해서 (34)열 명이 되었습니다. 계속해서 많은 (35)사람들이 돕겠다고 모여들었습니다.

(31) 일만　　（　　　）
(32) 아홉　　（　　　）
(33) 여자　　（　　　）
(34) 열　　（　　　）
(35) 사람　　（　　　）

4 다음에 알맞은 漢字(한자)를 〈보기〉에서 찾아 그 번호를 쓰세요. (36~40)

보기 ① 年 ② 小 ③ 學 ④ 靑 ⑤ 校

(36) 해 년　　（　　　）
(37) 배울 학　　（　　　）
(38) 작을 소　　（　　　）
(39) 학교 교　　（　　　）
(40) 푸를 청　　（　　　）

5 다음 漢字(한자)의 訓(훈:뜻)이나 音(음:소리)을 〈보기〉에서 찾아 그 번호를 쓰세요. (41~48)

보기 ① 외 ② 가운데 ③ 산 ④ 마디 ⑤ 문 ⑥ 군사 ⑦ 백 ⑧ 장

(41) 中　（　　　）
(42) 長　（　　　）
(43) 山　（　　　）
(44) 寸　（　　　）
(45) 軍　（　　　）
(46) 白　（　　　）
(47) 門　（　　　）
(48) 外　（　　　）

6 다음 물음에 답하세요. (49~50)

(49) 先　ⓗ 획의 쓰는 순서를 아래에서 찾아 번호를 쓰세요.（　　　）

① 첫 번째　　② 두 번째
③ 세 번째　　④ 네 번째

(50) 母　ⓗ 획의 쓰는 순서를 아래에서 찾아 번호를 쓰세요.（　　　）

① 두 번째　　② 세 번째
③ 네 번째　　④ 다섯 번째

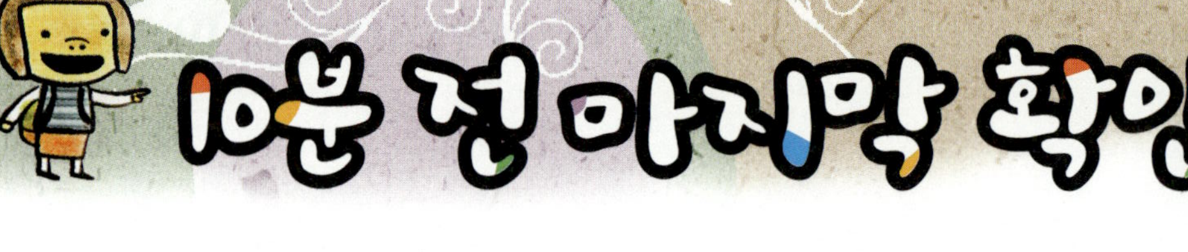

10분 전 마지막 확인!!

아이가 시험장에 미리 도착하여 자리에 앉아 차분히 풀어 볼 수 있도록
이 쪽지 시험지를 잘라 아이에게 주세요.
답이 보이지 않도록 반으로 접어서 풀도록 해 주세요.

1. 배정 한자   2. 한자의 뜻 찾기   3.필순

1 배정 한자의 훈 · 음을 쓰세요.

教		南	
寸		校	
韓		王	
先		萬	
民		北	
軍		日	
金		東	
火		山	
門		國	
女		父	
九		白	

兄		室	
四		水	
外		弟	
七		八	
學		長	
月		中	
三		人	
青		小	
木		二	
母		生	
土		十	
一		西	
年		六	
大		五	

2 한자의 알맞은 뜻을 〈보기〉에서 찾아 번호를 쓰세요.

보기

❶ 나무　❷ 학교　❸ 군사　❹ 나라　❺ 가운데　❻ 북녘　❼ 사람　❽ 쇠

❾ 아우　❿ 바깥　⓫ 일곱　⓬ 흙　⓭ 임금　⓮ 희다　⓯ 크다　⓰ 물

⓱ 달　⓲ 마디　⓳ 백성　⓴ 가르치다

(1) 教(　　)　(2) 中(　　)　(3) 王(　　)　(4) 民(　　)

(5) 軍(　　)　(6) 金(　　)　(7) 七(　　)　(8) 白(　　)

(9) 校(　　)　(10) 國(　　)　(11) 弟(　　)　(12) 北(　　)

(13) 木(　　)　(14) 土(　　)　(15) 外(　　)　(16) 月(　　)

(17) 大(　　)　(18) 水(　　)　(19) 寸(　　)　(20) 人(　　)

3 ㉠ 획의 쓰는 순서를 써 보세요.

(1) 木　(2) 民

(3) 白　(4) 長

정답

1

教	가르칠 교	南	남녘 남	兄	형 형	室	집 실
寸	마디 촌	校	학교 교	四	넉 사	水	물 수
韓	나라 한	王	임금 왕	外	바깥 외	弟	아우 제
先	먼저 선	萬	일만 만	七	일곱 칠	八	여덟 팔
民	백성 민	北	북녘 북	學	배울 학	長	긴 장
軍	군사 군	日	날 일	月	달 월	中	가운데 중
金	쇠 금/성 김	東	동녘 동	三	석 삼	人	사람 인
火	불 화	山	메 산	青	푸를 청	小	작을 소
門	문 문	國	나라 국	木	나무 목	二	두 이
女	계집 녀	父	아비 부	母	어미 모	土	흙 토
九	아홉 구	白	흰 백	一	한 일	西	서녘 서
				年	해 년	六	여섯 륙
				大	큰 대	五	다섯 오

2

(1) 教(⓴)　(2) 中(❺)　(3) 王(⓭)　(4) 民(⓳)

(5) 軍(❸)　(6) 金(❽)　(7) 七(⓫)　(8) 白(⓮)

(9) 校(❷)　(10) 國(❹)　(11) 弟(❾)　(12) 北(❻)

(13) 木(❶)　(14) 土(⓬)　(15) 外(❿)　(16) 月(⓱)

(17) 大(⓯)　(18) 水(⓰)　(19) 寸(⓲)　(20) 人(❼)

3　(1) 두 번째　(2) 네 번째

(3) 네 번째　(4) 다섯 번째

정답

10회

전국한자능력검정시험 8급 답안지(1)

번호	정답	번호	정답
1	동	13	오
2	서	14	륙(육)
3	남	15	칠
4	북	16	팔
5	대	17	선
6	한	18	생
7	민	19	교
8	국	20	실
9	일	21	형
10	이	22	제
11	삼	23	부
12	사	24	모

8회

전국한자능력검정시험 8급 답안지(1)

번호	정답	번호	정답
1	대	13	생
2	한	14	부
3	민	15	모
4	국	16	④
5	군	17	⑨
6	인	18	⑤
7	삼	19	③
8	촌	20	⑥
9	형	21	⑧
10	제	22	⑦
11	중	23	①
12	학	24	⑩

6회

전국한자능력검정시험 8급 답안지(1)

번호	정답	번호	정답
1	팔	13	형
2	월	14	남
3	십	15	산
4	오	16	동
5	일	17	대
6	부	18	문
7	모	19	서
8	중	20	북
9	학	21	바깥 외
10	생	22	임금 왕
11	사	23	나라 국
12	촌	24	가르칠 교

4회

전국한자능력검정시험 8급 답안지(1)

번호	정답	번호	정답
1	④	13	학
2	⑦	14	교
3	③	15	선
4	⑧	16	생
5	⑤	17	⑧
6	②	18	⑦
7	①	19	⑤
8	⑥	20	④
9	부	21	⑨
10	모	22	①
11	형	23	③
12	제	24	⑥

2회

전국한자능력검정시험 8급 답안지(1)

번호	정답	번호	정답
1	임금 왕	13	산
2	바깥 외	14	여
3	아우 제	15	생
4	작을 소	16	형
5	서녘 서	17	수
6	긴 장	18	부
7	큰 대	19	백
8	백성 민	20	동
9	군사 군	21	⑨
10	다섯 오	22	②
11	학	23	⑤
12	모	24	⑩

9회

전국한자능력검정시험 8급 답안지(1)

번호	정답	번호	정답
1	먼저 선	13	형
2	가르칠 교	14	청
3	긴 장	15	년
4	열 십	16	대
5	흙 토	17	일
6	어미 모	18	한
7	여덟 팔	19	국
8	북녘 북	20	금
9	나무 목	21	④
10	날 생	22	⑨
11	사	23	⑥
12	촌	24	②

7회

전국한자능력검정시험 8급 답안지(1)

번호	정답	번호	정답
1	십	13	오
2	이	14	부
3	월	15	모
4	국	16	해 년
5	민	17	북녘 북
6	군	18	동녘 동
7	삼	19	긴 장
8	촌	20	사람 인
9	구	21	일만 만
10	일	22	남녘 남
11	대	23	집 실
12	왕	24	푸를 청

5회

전국한자능력검정시험 8급 답안지(1)

번호	정답	번호	정답
1	달 월	13	교
2	여덟 팔	14	금
3	아비 부	15	한
4	일곱 칠	16	국
5	임금 왕	17	여
6	어미 모	18	만
7	다섯 오	19	삼
8	집 실	20	촌
9	아우 제	21	⑩
10	여섯 륙	22	②
11	중	23	④
12	학	24	⑦

3회

전국한자능력검정시험 8급 답안지(1)

번호	정답	번호	정답
1	학	13	부
2	교	14	모
3	대	15	형
4	한	16	제
5	민	17	④
6	국	18	⑫
7	군	19	⑩
8	인	20	②
9	선	21	⑥
10	생	22	⑪
11	교	23	⑤
12	실	24	③

1회

전국한자능력검정시험 8급 답안지(1)

번호	정답	번호	정답
1	오	13	동
2	월	14	십
3	팔	15	서
4	일	16	중
5	부	17	생
6	모	18	형
7	외	19	학
8	삼	20	교
9	촌	21	북
10	남	22	대
11	산	23	한
12	문	24	민

한자능력검정시험 기출유형문제 정답

전국한자능력검정시험 8급 답안지(2)

번호	정답	번호	정답
25	①	38	③
26	⑦	39	②
27	⑧	40	①
28	④	41	⑨
29	③	42	⑦
30	⑥	43	③
31	⑦	44	⑤
32	②	45	⑩
33	⑤	46	⑧
34	⑥	47	④
35	①	48	⑥
36	⑧	49	③
37	④	50	④

전국한자능력검정시험 8급 답안지(2)

번호	정답	번호	정답
25	④	38	바깥 외
26	②	39	⑥
27	나라 국	40	④
28	군사 군	41	⑨
29	긴 장	42	⑩
30	흰 백	43	②
31	백성 민	44	⑤
32	나라 한	45	⑦
33	쇠 금/성 김	46	③
34	해 년	47	⑧
35	열 십	48	①
36	석 삼	49	③
37	가르칠 교	50	③

전국한자능력검정시험 8급 답안지(2)

번호	정답	번호	정답
25	작을 소	38	⑦
26	불 화	39	⑨
27	흙 토	40	⑤
28	쇠 금/성 김	41	②
29	나라 한	42	①
30	일곱 칠	43	⑧
31	①	44	⑥
32	⑧	45	⑤
33	⑥	46	③
34	③	47	④
35	④	48	⑦
36	⑩	49	①
37	②	50	③

전국한자능력검정시험 8급 답안지(2)

번호	정답	번호	정답
25	②	38	⑤
26	북녘 북	39	②
27	먼저 선	40	③
28	쇠 금/성 김	41	⑧
29	일만 만	42	①
30	흰 백	43	⑥
31	임금 왕	44	④
32	긴 장	45	⑥
33	여덟 팔	46	③
34	열 십	47	⑤
35	여섯 륙	48	①
36	④	49	④
37	⑦	50	②

전국한자능력검정시험 8급 답안지(2)

번호	정답	번호	정답
25	날 일	38	②
26	물 수	39	⑤
27	나무 목	40	④
28	쇠 금/성 김	41	②
29	달 월	42	⑧
30	불 화	43	③
31	③	44	④
32	②	45	⑥
33	⑤	46	⑦
34	②	47	⑤
35	④	48	①
36	①	49	②
37	④	50	④

전국한자능력검정시험 8급 답안지(2)

번호	정답	번호	정답
25	국	38	①
26	일곱 칠	39	⑥
27	푸를 청	40	②
28	해 년	41	⑩
29	가르칠 교	42	④
30	집 실	43	③
31	작을 소	44	⑦
32	물 수	45	⑤
33	여섯 륙	46	③
34	흰 백	47	⑤
35	계집 녀	48	④
36	⑨	49	②
37	⑧	50	④

전국한자능력검정시험 8급 답안지(2)

번호	정답	번호	정답
25	⑭	38	계집 녀
26	⑬	39	일만 만
27	⑧	40	석 삼
28	⑨	41	흙 토
29	⑮	42	문 문
30	⑦	43	임금 왕
31	①	44	마디 촌
32	③	45	쇠 금/성 김
33	④	46	작을 소
34	①	47	긴 장
35	⑤	48	넉 사
36	②	49	②
37	⑥	50	①

전국한자능력검정시험 8급 답안지(2)

번호	정답	번호	정답
25	⑤	38	④
26	⑥	39	⑩
27	⑨	40	⑨
28	①	41	②
29	⑧	42	④
30	③	43	③
31	③	44	⑥
32	⑦	45	⑦
33	②	46	①
34	⑥	47	⑤
35	①	48	③
36	⑥	49	④
37	⑧	50	④

전국한자능력검정시험 8급 답안지(2)

번호	정답	번호	정답
25	쇠 금/성 김	38	②
26	⑥	39	⑦
27	⑨	40	②
28	③	41	①
29	⑧	42	④
30	⑤	43	③
31	⑦	44	⑨
32	②	45	⑩
33	⑩	46	⑥
34	①	47	⑤
35	①	48	⑧
36	⑥	49	④
37	④	50	②

전국한자능력검정시험 8급 답안지(2)

번호	정답	번호	정답
25	⑦	38	⑧
26	③	39	①
27	⑤	40	⑤
28	③	41	③
29	⑩	42	⑥
30	①	43	⑧
31	⑦	44	②
32	④	45	⑨
33	③	46	⑦
34	⑤	47	④
35	④	48	⑩
36	⑦	49	②
37	⑥	50	③